또래 퀴즈

사회·문화 퀴즈 백과

JN400507

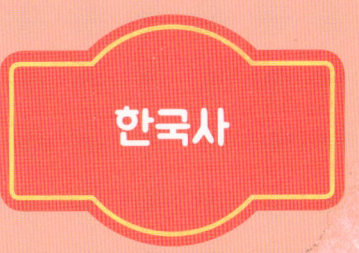

01 | 구석기 시대에 사용했던 도구는 무엇일까요?

❶ 뗀석기   ❷ 간석기   ❸ 도자기

힌트 구석기는 가장 원시적인 도구를 사용하던 시기예요.

❶ 뗀석기

뗀석기는 돌과 돌을 부딪혀 날카롭게 깨어져 나간 부분을 도구로 사용하는 것이에요. 간석기는 돌을 갈아 뗀석기보다는 정교하게 만든 것이고요. 따라서 구석기에는 뗀석기를 사용했고, 시간이 흘러 신석기에는 기술이 발달하면서 간석기를 사용했지요.

02 | 청동기 시대에 만들어진 고인돌은 어떤 용도였을까요?

❶ 식탁　❷ 무덤　❸ 침대

힌트 고인돌은 두 개의 기둥을 고여 만들었기 때문에 붙은 이름이에요.

❷ 무덤

무기나 도구를 청동으로 만들어 사용하던 시대를 청동기 시대라고 해요. 청동기 시대는 인류 최초로 신분이 생긴 시대예요. 당연히 높은 신분에 있는 사람은 이를 자랑하고 싶었겠지요? 그래서 무덤도 거대하게 만들었어요. 그 무덤이 바로 고인돌이랍니다.

03 | 단군왕검이 세운 우리나라 최초의 국가는?

❶ 발해   ❷ 목지국   ❸ 고조선

힌트 발해는 대조영이 세운 나라예요.

❸ 고조선

청동기 시대에 접어들면서 전쟁이 많이 일어났어요. 영토를 넓히고 힘을 키우면서 급기야 나라까지 세우게 되었지요. 이런 과정을 거치며 우리나라에 처음으로 세워진 국가는 고조선이에요. 환웅과 웅녀 사이에서 태어난 단군왕검이 세운 나라라고 전해진답니다.

04 | 다른 나라에서는 찾아보기 힘든 신라만의 독특한 신분 제도는?

❶ 양반제   ❷ 귀족제   ❸ 골품제

힌트 성골과 진골이 귀족에 해당하는 신분 제도예요.

❸ 골품제

신라에는 여왕이 있었지요. 우리나라 역사에서 찾아보기 힘든 일이에요. 신라에서 여왕이 탄생할 수 있었던 이유는 골품제 때문이랍니다. 왕이 될 수 있는 신분인 성골 출신 남자가 없어지자 여자가 왕위를 이은 것이에요. 그만큼 골품제는 신라 사회에서 중요한 위치를 차지했어요.

05 | 태조 왕건이 세운 나라를 대표하는 문화재는?

❶ 첨성대　　❷ 고려청자　　❸ 앙부일구

힌트 태조 왕건이 세운 나라의 이름은 무엇일까요?

❷ 고려청자

당시 도자기를 만드는 기술은 지금으로 치면 최첨단 기술이었어요. 고려에서 만든 도자기는 어느 나라에서도 내기 힘든 색깔인 투명한 옥색을 띠었지요. 그 아름다움은 도자기의 원조 국가인 중국에서도 이름이 높았을 정도랍니다.

06 | 고려 시대에 심한 차별을 받던 무신들이 일으킨 사건은?

❶ 무신정변　　❷ 묘청의 난　　❸ 이자겸의 난

힌트 무신들이 일으킨 난은 무엇일지 생각해 보세요.

❶ 무신정변

고려 시대에는 과거제가 있었어요. 하지만 과거를 통해 뽑는 신하들 중에 무신은 없었지요. 각 지방에서 능력 있는 사람들을 추천하면 그 사람들 중 적당한 사람을 뽑아 무신으로 삼았어요. 그래서 문신들은 무신들을 심하게 차별했고, 결국 참다 못한 무신들은 무신정변을 일으켜 권력을 잡았어요.

07 | 조선 시대에 만들어진 지금의 주민등록증과 같은 것은?

❶ 지폐　　❷ 호패　　❸ 남사당패

힌트 이것을 지니고 다니지 않으면 벌을 받기도 했어요.

❷ 호패

조선 시대에는 인구를 정확하게 파악하고자 노력했어요. 그래야 군대에 갈 사람을 알 수 있고, 세금도 걷을 수 있으니까요. 그래서 생각해 낸 것이 호패예요. 지금의 주민등록증 같은 역할을 했답니다.

08 | 임진왜란 이후 또 한 번 조선에 닥친 어려움으로, 청나라가 쳐들어온 전쟁은?

❶ 병자호란   ❷ 병인양요   ❸ 아관파천

힌트 청은 여진족이 세운 나라예요.

❶ 병자호란

조선 시대에 우리 민족은 중국을 제외한 다른 민족들을 얕잡아 보며 오랑캐라고 불렀어요. 오랑캐는 한자로 '오랑캐 호(胡)'로 표현해요. 당연히 여진족도 오랑캐라 불렀지요. 병자호란은 '병자'년에 '오랑캐[胡]'가 쳐들어와 일으킨 '난'이라는 의미를 가지고 있답니다.

09 | 1895년 일본에 의해 일어난 을미사변 때 죽임을 당한 사람은 누구일까요?

❶ 철인왕후 ❷ 명성황후 ❸ 흥선 대원군

힌트 당시 일본은 고종의 아내인 이 사람을 몹시 미워했어요.

❷ 명성황후

일본이 우리나라를 침략하려 하자 명성황후는 러시아를 끌어들여 일본을 막으려 했어요. 이에 일본은 명성황후가 못마땅했지요. 어처구니없게도 일본은 한 나라의 왕비를 죽여 버렸어요. 이 사건을 을미사변이라고 해요.

10 | 4.19 혁명으로 대통령직에서 물러난 사람은 누구일까요?

❶ 이승만   ❷ 박정희   ❸ 김영삼

힌트 우리나라의 초대 대통령이에요.

❶ 이승만

이승만은 대한민국의 초대 대통령이자 독립운동가예요. 8·15 광복 후 대통령으로 선출되었으며, 1960년 또다시 부정 선거를 해서라도 대통령에 당선되려 했어요. 하지만 국민들은 이런 모습에 분노를 하게 되었죠. 이때 학생들을 중심으로 부정 선거에 반대하는 시위가 일어났고, 시간이 지나며 시위는 규모가 커져 4.19 혁명으로 발전했답니다.

세계사

11 | 세계 4대 문명 중 나일강 유역에서 발달한 문명은?

❶ 중국 문명   ❷ 인더스 문명   ❸ 이집트 문명

힌트 나일강은 아프리카 대륙을 흐르는 강이랍니다.

❸ 이집트 문명

나일강 주변에서 일어난 문명은 이집트 문명이에요. 중국 문명은 황허강을 중심으로 일어난 문명이고, 인더스 문명은 인도의 인더스강 주변에서 일어난 문명이에요. 인류 최초의 문명은 메소포타미아 문명으로, 지금의 이라크 지역에서 일어난 문명으로 티그리스강과 유프라테스강 사이에서 일어난 문명이랍니다.

세계사

12 | 상나라에서 쓰였던 중국 최초의 문자는?

❶ 갑골문자   ❷ 쐐기문자   ❸ 표음문자

힌트 쐐기문자는 메소포타미아에서 사용했던 문자예요.

❶ 갑골문자

'갑'은 거북의 배딱지, '골'은 소의 어깨뼈를 말해요. 중국 상나라 사람들은 갑이나 골에 글을 쓴 다음 불에 태워서 금이 간 모양을 보고 나랏일을 결정했지요. 이때 쓰인 글자가 초기 한자에 해당해요. 표음문자는 소리를 글자로 표시하는 것을 말해요. 한글이 대표적이랍니다.

13 | 공자, 노자, 한비자, 묵자 등의 사상가들이 활약했던 시대는?

❶ 송나라 ❷ 주나라 ❸ 춘추전국시대

힌트 중국이 여러 나라로 나뉘어 싸우던 혼란한 시대를 말해요.

❸ 춘추전국시대

춘추전국시대는 강한 힘을 가진 사람들이 서로 중국을 통일하고자 싸우던 때예요. 이들은 나라의 힘을 키우기 위해서라면 물불을 가리지 않았어요. 그래서 신분에 관계없이 능력 있는 사람이라면 다 끌어들였지요. 덕분에 다양한 학자들이 등장했고 여러 학문이 발달할 수 있었어요.

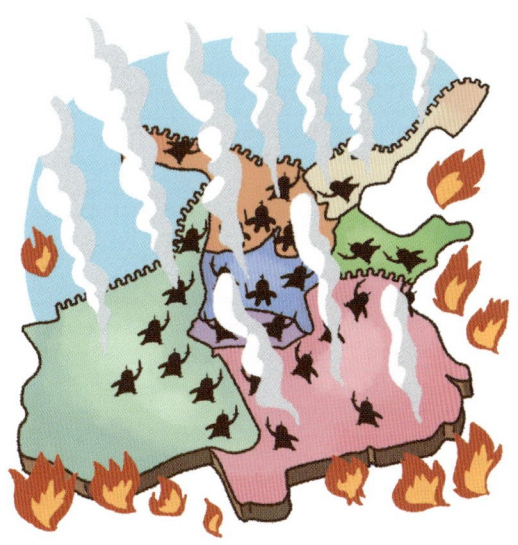

14 | 중국을 최초로 통일한 진나라의 왕은?

❶ 현종   ❷ 태종   ❸ 시황제

힌트 황제라는 호칭은 이 사람 때부터 등장했어요.

❸ 시황제

중국의 가장 서쪽에 있던 나라 '진'은 엄격한 규칙 속에서 빠른 속도로 성장해 여러 나라로 나뉘어 있던 춘추전국시대를 통일할 수 있었어요. 통일 후 진의 왕은 자신에 대한 호칭을 바꾸었어요. 중국 전설 속의 어진 임금들인 '3황 5제'에서 글자를 따와 왕이 아니라 황제라 부르게 한 거예요.

14 | 중국을 최초로 통일한 진나라의 왕은?

❶ 현종　　❷ 태종　　❸ 시황제

힌트 황제라는 호칭은 이 사람 때부터 등장했어요.

❸ 시황제

중국의 가장 서쪽에 있던 나라 '진'은 엄격한 규칙 속에서 빠른 속도로 성장해 여러 나라로 나뉘어 있던 춘추전국시대를 통일할 수 있었어요. 통일 후 진의 왕은 자신에 대한 호칭을 바꾸었어요. 중국 전설 속의 어진 임금들인 '3황 5제'에서 글자를 따와 왕이 아니라 황제라 부르게 한 거예요.

15 | 당나라의 문화로서 동아시아에 널리 퍼지지 않은 것은?

❶ 한자　　❷ 불교　　❸ 치파오

힌트 이것은 중국의 전통 의상을 가리켜요.

❸ 치파오

중국, 우리나라, 일본은 문화가 비슷한 점이 많아요. 이는 중국 당나라 때부터 확실해졌어요. 한자를 사용하고, 유교의 충효 사상이 널리 퍼졌으며, 세 나라 모두 불교가 중요한 종교로 자리 잡게 된 것이지요. 치파오는 청나라 때 형성된 중국 전통 의상이에요.

16. 송나라의 3대 발명품에 해당하지 않는 것은?

❶ 화약　　❷ 비단　　❸ 인쇄술

힌트 중국의 4대 발명품인 종이의 발명 이전에는 여기에 글자를 적기도 했어요.

❷ 비단

중국의 4대 발명품은 종이, 화약, 나침반, 인쇄술이에요. 화약은 전쟁을 크게 바꿔놓았고, 나침반 덕에 밤에도 항해가 가능해졌어요. 또 인쇄술의 발명으로 한번에 여러 권의 책을 쉽게 만들 수 있게 되었지요. 종이를 제외한 세 개가 송나라 때 발명되었어요.

17 | 서양까지 공격하며 세계 최대의 제국이 되었던 나라는?

❶ 원   ❷ 수   ❸ 명

힌트 칭기즈칸과 관계있는 나라예요.

❶ 원

몽골족이 세운 나라가 원이에요. 몽골족은 칭기즈칸의 주도 아래 똘똘 뭉쳐 빠르고도 강하게 주변을 정복해 나갔어요. 유럽이 몽골족이라고 하면 벌벌 떨 정도였어요. 몽골족은 원이라는 나라를 세워 중국도 지배했지요.

18 | 꽉 닫힌 청나라의 문을 열기 위해 영국이 벌인 전쟁은?

❶ 장미 전쟁　❷ 백년 전쟁　❸ 아편 전쟁

힌트 장미 전쟁은 영국에서 벌어진 전쟁이에요.

❸ 아편 전쟁

당시 청은 오랜 평화의 시기를 거치며 부러울 것 없는 시절을 보내고 있었어요. 그래서 서양과의 교역을 거부했지요. 어떻게든 청의 문을 열고 싶었던 영국은 청 정부 몰래 아편을 팔았어요. 이에 화가 난 청은 아편을 빼앗아 불태워버렸고, 이를 구실로 영국이 중국을 공격한 것이 아편 전쟁이에요.

19 | 고대 그리스의 도시국가 중 민주 정치가 이루어졌던 곳은?

❶ 코린트   ❷ 아테네   ❸ 스파르타

힌트 스파르타는 강한 군사력으로 유명한 도시국가예요.

❷ 아테네

도시국가란 아주 작은 규모의 국가를 말해요. 흔히 폴리스라고도 하지요. 고대 그리스 지역은 땅이 험준해 큰 규모의 국가가 들어서기 힘들었어요. 여러 개의 도시국가 중 민주 정치로 유명했던 곳은 아테네예요. 현대의 민주 정치와 다른 점은 여자, 외국인, 노예는 제외되었다는 점이에요.

20 | 로마가 성장할 무렵 강한 나라였던 카르타고와 벌인 전쟁은?

❶ 포에니 전쟁 ❷ 페르시아 전쟁 ❸ 펠로폰네소스 전쟁

> **힌트** 페르시아 전쟁은 고대 그리스의 도시국가들과 페르시아가 다툰 전쟁이에요.

❶ 포에니 전쟁

로마가 한창 뻗어나갈 무렵, 북부 아프리카에는 이미 강대국인 카르타고가 있었어요. 지중해 지역을 호령하려면 두 나라 간의 전쟁은 피할 수 없었지요. 두 나라는 백여 년에 걸쳐 전쟁을 치렀어요. 이 전쟁에서 로마가 이기면서 로마는 큰 나라로 성장할 수 있었답니다.

세계사

21 | 중세 시대에 유럽 전체를 공포로 몰아넣었던 전염병은?

❶ 사스 ❷ 메르스 ❸ 흑사병

힌트 온몸이 까맣게 변하면서 죽기 때문에 붙은 이름이에요.

❸ 흑사병

흑사병은 쥐가 옮기는 병이에요. 쥐들 사이에서는 큰 문제가 되지 않지만 그 균이 사람한테로 옮아가면 큰 병이 되는 거지요. 중세 시대에는 이 병에 대해 잘 몰랐기 때문에 약도 없었어요. 걸리면 거의 대부분이 죽었기 때문에 유럽 인구의 1/3이 줄어들 정도였다고 해요.

22 | 교회의 타락을 비판하며 유럽에서 일어난 사건은?

❶ 르네상스 ❷ 종교 개혁 ❸ 십자군 전쟁

힌트 르네상스는 과거 그리스·로마의 자유로운 문화로 돌아가자는 운동이에요.

❷ 종교 개혁

교황은 성 베드로 대성당을 고쳐 지을 돈이 부족하자 돈을 받고, 죄를 지었을 때 받아야 하는 벌을 면죄해 준다는 '면벌부'를 팔았어요. 면벌부는 '면죄부'라고도 해요. 이에 성직자 루터는 교황과 교회를 비판하며 오직 성경에 따른 믿음만으로 구원받을 수 있다고 했어요. 이렇게 시작된 역사적 사건이 종교 개혁이에요.

23 | 기계를 이용한 대량 생산 체제로의 변화를 일컫는 말은?

❶ 정보 혁명 ❷ 산업 혁명 ❸ 기계 파괴 운동

힌트 처음 기계가 들어온 것은 옷감을 짜는 분야였어요.

❷ 산업 혁명

증기기관이 발명되면서 바람이나 물이 아니어도 기계를 움직일 수 있다는 걸 알게 되었어요. 기계를 돌릴 증기를 얻으려면 물을 끓여야 했기 때문에 석탄 산업이 발달했고, 기계를 만들기 위한 제철 공업이 발달하면서 유럽 경제는 크게 성장했지요. 이게 바로 산업 혁명이에요.

24. 자기 나라의 이익을 위해 약한 나라를 침략하여 식민지로 삼는 것을 일컫는 말은?

❶ 제국주의 ❷ 자본주의 ❸ 공산주의

힌트 식민지에서 사람들의 반발이 심하면 총칼로 눌렀어요.

❶ 제국주의

우리가 '일제'라는 말을 쓸 때가 있지요? 이건 '일본 제국주의'를 줄인 말이에요. 제국주의 국가들은 힘없는 나라에 쳐들어가 싼값에 원료를 빼앗아 온 후 공장에서 물건을 만들어 식민지 국가에 다시 팔았어요. 그러니 식민지가 된 나라는 경제가 무너져 어려운 삶을 살 수밖에 없었지요.

25. 제2차 세계대전 이후 미국과 소련을 중심으로 날카롭게 대립하던 시기를 일컫는 말은?

❶ 냉전   ❷ 열전   ❸ 육박전

힌트 실제 전쟁이 일어난 건 아니었지만 전쟁 시기처럼 긴장감이 높았어요.

❶ 냉전

냉전을 영어로 표현하면 'Cold War'예요. 그야말로 차가운 전쟁인 거죠. 총성만 들리지 않았을 뿐이지 미국을 중심으로 한 자본주의 세계와 소련을 중심으로 한 공산주의 세계로 나뉘어 지구 전체가 소리 없는 전쟁을 치렀어요.

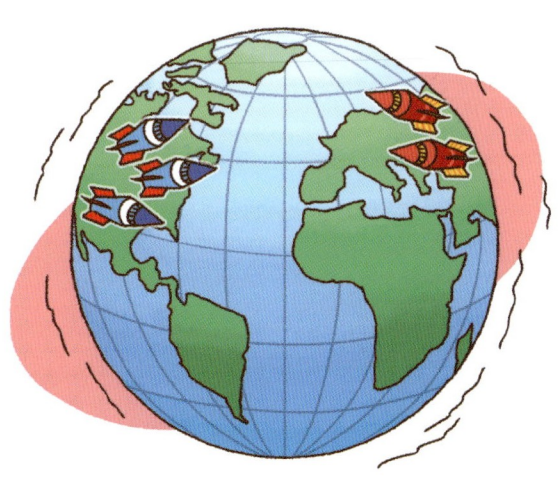

경제

26 | 우리나라에서 유일하게 화폐를 발행할 수 있는 곳은?

❶ 한국은행   ❷ 일반 은행   ❸ 증권 회사

힌트 우리가 쓰는 모든 돈에 이곳의 이름이 적혀 있어요.

❶ 한국은행

한국은행은 우리나라의 중앙은행으로서 한국조폐공사를 통해 만든 각종 화폐를 일반 은행에 빌려주거나 물가를 조절하는 역할을 해요. 그래서 우리나라에서 만든 모든 지폐나 동전에는 '한국은행'이라는 이름이 적혀 있답니다.

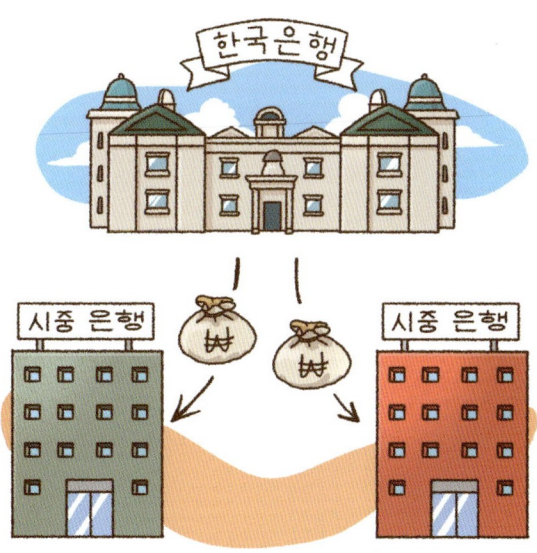

27. 돈의 액수에 상관없이 아무 때나 돈을 넣을 수 있고, 뺄 수도 있는 통장은?

❶ 정기적금   ❷ 보통예금   ❸ 정기예금

힌트 언제나 거래를 할 수 있는 통장이에요.

❷ 보통예금

정기적금은 정기적으로 일정한 금액의 돈을 넣기만 하는 것이에요. 정기예금은 기간을 정해 한 번에 큰돈을 넣어 두고 찾지 않는 통장이지요. 이에 비해 보통예금은 입출금이 자유로운 통장이에요. 이 중 이자를 가장 많이 받을 수 있는 것은 정기예금이랍니다.

28 | 외국의 돈을 사고파는 시세를 무엇이라고 할까요?

경제

❶ 대출　　❷ 이자　　❸ 환율

힌트 서로 바꾸는 것을 한자로는 '바꿀 환(換)'이라고 표현해요.

❸ 환율

우리가 미국으로 여행을 갈 경우 미국 달러화가 필요해요. 미국에서 우리 돈을 쓸 수 없으니까 우리 돈을 달러로 바꿔야 하는 거지요. 이처럼 서로 다른 두 나라의 돈을 교환할 때는 두 나라의 경제 사정에 따라 교환하는 비율이 생기는데 이를 환율이라고 해요.

29 | 유럽연합에서 쓰이는 화폐 이름은?

❶ 엔   ❷ 유로   ❸ 파운드

힌트 화폐 이름은 나라마다 다 달라요.

❷ 유로

유럽연합은 프랑스, 독일, 이탈리아 등 유럽의 여러 국가들이 회원국으로 참가한 연합기구예요. 유럽연합에서 사용하는 화폐의 이름은 유로랍니다. 엔은 일본, 파운드는 영국 화폐의 이름이에요. 중국에서는 위안화를 쓰고 있지요. 우리나라의 화폐는 원이고, 멕시코의 화폐는 페소랍니다.

30 | 물건값에 포함되어 있어 물건을 살 때 자동으로 납부하게 되는 세금은?

❶ 간접세 ❷ 직접세 ❸ 소득세

힌트 내가 직접 내지 않는 세금이에요.

❶ 간접세

소득이 생기면 세금을 내는데, 많이 벌면 많이 내고 적게 벌면 적게 내요. 이 세금을 소득세라 하며 소득자가 직접 세금을 내기 때문에 직접세라 하지요. 하지만 물건을 살 때 자동으로 납부하는 세금은 누구나 똑같이 내는 것으로, 내가 직접 내는 것이 아니어서 간접세라고 한답니다.

31 | 사용 금액 중 일부를 포인트로 적립해 주는 카드는?

❶ 할인 카드 ❷ 제휴 카드 ❸ 캐시백 카드

힌트 손님에게 되돌려 주는 돈이라는 뜻을 담고 있어요.

❸ 캐시백 카드

캐시백 카드로 물건을 사면 점수를 주는데 이를 포인트라고 해요. 이 포인트를 모아서 일정 포인트 이상이 되면 진짜 돈처럼 쓸 수 있는 거예요. 캐시백 카드에 쌓은 포인트로 인터넷상에서 직접 물건을 살 수도 있고, 물건값의 일부를 대신 낼 수도 있어요.

32. 기업이 돈을 마련하기 위해 사람들로부터 투자를 받은 후에 발행하는 것은?

❶ 화폐　　❷ 채권　　❸ 주식

힌트 이걸 가지면 회사의 주인이 되는 거예요.

❸ 주식

재산을 나타내는 문서를 증권이라고 해요. 증권에는 주식과 채권이 있어요. 주식을 사면 회사의 주인이 되어 권리를 행사할 수 있지요. 그래서 주식을 가진 사람들을 주주라고 불러요. 채권은 돈을 빌릴 때 그 증거로 남기는 것이랍니다.

33 | 물가가 크게 오르는 현상을 뜻하는 경제 용어는?

❶ 인플레이션　❷ 디플레이션　❸ 스태그플레이션

힌트 디플레이션은 물가가 떨어지는 현상을 말해요.

❶ 인플레이션

물가가 오르는 것을 인플레이션이라고 해요. 얼마 전까지 천 원으로 살 수 있던 물건을 더 이상 천 원으로 살 수 없게 되지요. 결국 화폐 가치가 떨어진 셈이에요. 적절한 인플레이션은 경제 활동에 기운을 불어넣지만 지나치면 사회를 불안하게 만들기도 해요.

경제

34 | 사람들이 어떤 상품이나 서비스를 사려고 하는 것을 무엇이라 할까요?

❶ 수요　❷ 공급　❸ 생산

힌트 이것이 있어야 공장에서 제품을 만들어 시장에 내놓아요.

❶ 수요

소비자들이 물건이나 서비스를 갖고자 하는 욕망을 수요라 하고, 생산자가 상품이나 서비스를 내놓는 것을 공급이라 해요. 어떤 상품에 대한 수요가 공급보다 많으면 가격이 올라가고, 반대로 공급이 수요보다 많으면 가격이 내려가요.

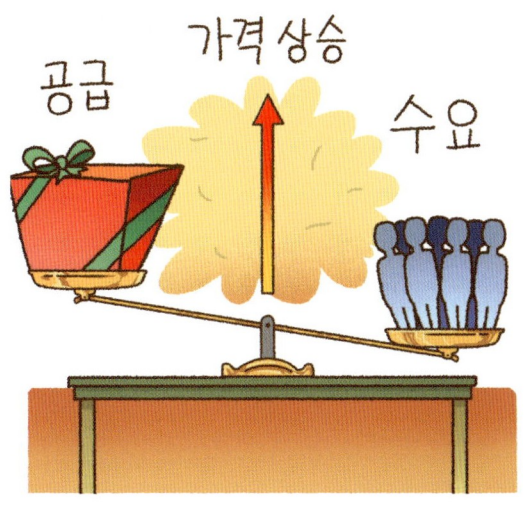

35. 물건을 사려는 사람들을 경쟁시켜 가장 높은 가격을 부른 사람에게 파는 제도는?

❶ 매매   ❷ 경매   ❸ 매입

힌트 수산물에서부터 미술품까지 다양한 분야에서 이루어져요.

❷ 경매

보통 우리가 물건을 살 때는 파는 사람이 정한 가격을 지불해요. 하지만 경매는 이와는 반대로 사는 사람이 물건값을 정하지요. 이때 파는 사람은 당연히 가장 높은 가격을 부른 사람에게 팔게 되는 것이죠.

경제

36 | 물건을 가지려는 마음은 큰데 이를 충족시켜 줄 자원은 부족한 상태를 일컫는 말은?

❶ 희소성   ❷ 관계성   ❸ 자율성

힌트 다이아몬드는 이런 가치가 굉장히 큰 물건 중 하나예요.

❶ 희소성

희소성은 물건이나 물질의 수가 부족하다는 것을 의미하는 것은 아니에요. 인간이 필요로 하는 것에 비해 적은 것을 의미해요. 즉, 에어컨은 더운 지방에서는 누구나 가지고 싶어 해서 희소성이 커요. 반면 추운 지방에서는 에어컨의 수량이 적어도 원하는 사람이 없어 희소성이 없지요.

37 | 무언가를 선택함으로써 포기해야 하는 것 중 최대의 가치를 무엇이라 할까요?

❶ 비용   ❷ 한계비용   ❸ 기회비용

힌트 합리적 선택을 할 때 따져보아야 할 것이랍니다.

❸ 기회비용

일반적으로 자원은 늘 부족하기 때문에 우리가 무언가를 선택할 때에는 다른 것을 포기해야만 해요. 이때 무엇인가를 선택함으로써 포기한 것의 가치를 '기회비용'이라고 한답니다. 만약 5,000원으로 학용품을 샀다면 떡볶이 사 먹을 기회비용을 쓴 것이지요.

38. 소득액이 커질수록 높은 비율의 세금을 내도록 정한 세금 제도는?

❶ 주민세   ❷ 누진세   ❸ 부가가치세

힌트 주민세는 특별시·광역시·시·군의 주민이 지방자치단체에 내는 세금이에요.

❷ 누진세

예를 들어 백만 원 버는 사람과 천만 원 버는 사람에게 같은 비율의 세금을 내게 한다고 생각해 보세요. 이건 공평하다고 볼 수 없지요. 그래서 소득액이 증가함에 따라 점차 높은 세율이 적용되도록 하였는데 이를 누진세라 해요. 소득세, 상속세, 전기세 등이 누진세 적용을 받아요.

경제

39 | 어떤 상품이나 서비스를 제공하는 기업이 하나뿐인 것을 나타내는 말은?

❶ 독점   ❷ 과점   ❸ 상점

힌트 하나를 뜻하는 한자는 무엇일까요?

❶ 독점

예를 들어 병원이 '이젠병원' 하나밖에 없다면 아픈 사람들은 모두 '이젠병원'을 이용해야만 하고, 경쟁하거나 비교할 곳이 없으니 병원비를 마음대로 정할 거예요. 이런 경우를 독점이라 해요. 독점은 소비자에게 큰 피해를 주므로 우리나라는 법으로 금하고 있어요.

한국지리

40 | 우리나라처럼 삼면이 바다로 둘러싸인 지형을 일컫는 말은?

❶ 만   ❷ 반도   ❸ 산맥

힌트 우리나라를 보통 '한○○'라고 부른답니다.

❷ 반도

한쪽 면은 육지와 붙어 있고 다른 세 면이 바다 쪽으로 불쑥 튀어나온 땅 모양을 반도라고 해요. 우리나라는 한민족이 살고 있는 반도라 '한반도'라고 부른답니다. 반대로 바다가 육지 쪽으로 쑥 들어와 있는 형태의 땅 모양을 만이라고 하지요.

41 | 우리나라의 등줄기 산맥이라 불리는 것은?

❶ 소백산맥　　❷ 차령산맥　　❸ 태백산맥

힌트 이 산맥을 넘어가기 위한 대표적인 고개가 대관령이에요.

❸ 태백산맥

태백산맥은 강원도와 경상도의 동쪽을 가로지르는 큰 산맥이에요. 워낙 높이가 높아 이 산맥을 기준으로 언어, 문화, 기후가 달라질 정도지요. 또한 소백산맥, 차령산맥 등의 산맥들이 태백산맥에서 뻗어 나와 있답니다.

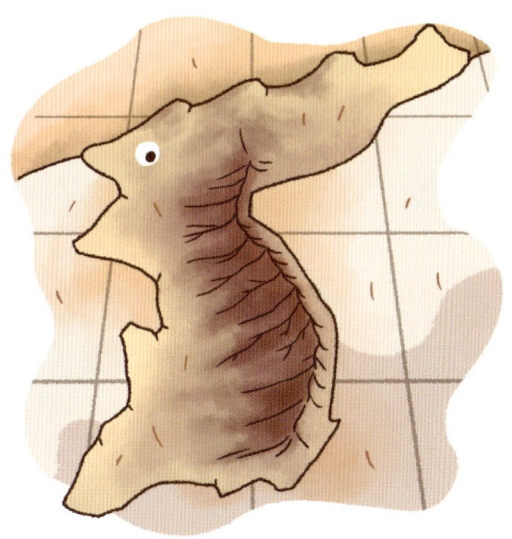

42 | 서울특별시, 인천광역시, 경기도를 한꺼번에 일컫는 말은?

❶ 수도권   ❷ 소도시권   ❸ 특별자치권

힌트 이곳의 인구가 우리나라에서 절반 이상을 차지해요.

❶ 수도권

수도권은 대한민국의 수도인 서울과 주변 지역을 한꺼번에 부르는 말로, 우리나라의 심장과도 같은 곳이에요. 중요한 기능 중 많은 부분이 몰려 있거든요. 하지만 이로 인해 안 좋은 점도 있어서 나라에서는 기능을 여러 곳으로 나누려고 노력하고 있어요.

43 | 대륙의 영향을 받아 기온의 연교차와 일교차가 큰 기후는?

❶ 열대 기후　❷ 대륙성 기후　❸ 해양성 기후

힌트 연교차란 가장 추운 달의 평균 기온과 가장 더운 달의 평균 기온의 차이를 말해요. 일교차란 하루 중 가장 높은 기온과 가장 낮은 기온의 차이를 말하고요.

❷ 대륙성 기후

대륙성 기후는 대륙, 즉 육지의 영향을 강하게 받는 기후로, 바다의 영향을 많이 받는 해양성 기후와 상대적인 말이에요. 비도 적게 오고, 바다의 영향을 받는 지역에 비해 일교차와 연교차도 모두 커요. 여름에는 기온이 높게 올라가고, 겨울에는 반대로 기온이 매우 낮아져요.

44 | 한라산 백록담에 해당하는 지형은?

❶ 연못   ❷ 빙하호   ❸ 화구호

힌트 한라산은 예전에 화산 활동이 활발했던 산이었어요.

❸ 화구호

한라산 백록담은 과거 화산의 출구였어요. 이처럼 화산의 출구에 물이 고여 만들어진 호수를 화구호라고 해요. 연못은 땅을 파거나 흐르는 물을 막아서 물을 가두어 놓은 곳이고, 빙하호는 얼음덩어리인 빙하에 의해 만들어진 호수를 말해요.

45 | 제주도 한라산 주변에서 볼 수 있는 작은 화산들을 부르는 말은?

❶ 오름　　❷ 활화산　　❸ 용암 동굴

힌트 한라산 주변에는 화산 폭발 당시 생긴 기생 화산들이 많이 있어요.

❶ 오름

화산이 폭발할 때는 그 힘이 워낙 커서 주된 화구 말고도 화산 옆쪽에 자잘한 화산들이 많이 생겨요. 이런 화산들을 기생 화산이라 하는데, 제주도에서는 특별히 이런 지형을 오름이라고 부른답니다.

한국지리

46. 고수동굴의 단양, 고씨동굴의 영월, 환선굴의 삼척에서 모두 나타나는 암석은?

❶ 현무암 　　❷ 화강암 　　❸ 석회암

힌트 현무암은 제주도와 같이 화산 활동이 활발했던 지역에서 볼 수 있어요.

❸ 석회암

고수동굴, 고씨동굴, 환선굴은 모두 석회동굴에 해당해요. 한마디로 석회암이 있는 지역에서만 볼 수 있는 지형인 거죠. 석회암은 물에 잘 녹는 성질이 있는 반면, 물이 증발하면 금방 굳어버려요. 이런 성질 때문에 생긴 게 석회동굴이에요.

47 | 남해안과 서해안처럼 섬들이 많은 바다를 무엇이라 할까요?

❶ 군도   ❷ 열도   ❸ 다도해

힌트 섬은 한자로 '섬 도(島)', 많다는 것은 한자로 '많을 다(多)'로 나타내요.

❸ 다도해

우리나라는 바다와 육지가 맞닿는 부분인 해안의 모습이 지역마다 달라요. 동해안은 섬이 별로 없고 해안선이 곧게 뻗어있지요. 반면 남해안과 서해안에는 섬들이 정말 많은데, 이런 지형을 다도해라 불러요. 군도는 여러 섬들이 모여 있는 것을, 열도는 섬들이 한 줄로 늘어선 듯 분포하는 것을 말해요.

48 | 전라도 지방에 있는 우리나라 최대의 평야는?

❶ 호남평야   ❷ 김포평야   ❸ 김해평야

힌트 전라도 지방을 일컫는 다른 표현을 생각해 보세요.

❶ 호남평야

전라도 지방은 우리나라의 곡식 창고, 즉 곡창이라 불려요. 그 이유는 너른 호남평야를 비롯한 여러 평야에서 쌀을 많이 수확하기 때문이지요. 김포평야는 경기도 김포, 김해평야는 경상남도 김해 지방에 있는 평야예요.

49 | 서해안과 남해안에서 볼 수 있는 해안 지형은?

❶ 호수　❷ 갯벌　❸ 모래사장

힌트 보령에서는 이것을 이용해 해마다 축제를 열고 있어요.

❷ 갯벌

모래찜질은 동해안에서 하고, 갯벌 체험은 서해안이나 남해안에서 하지요. 그만큼 우리나라 해안가 지형은 큰 차이가 있어요. 갯벌은 특히 밀물과 썰물의 차가 큰 서해안에서 잘 발달해 있어요. 갯벌은 어민들의 삶의 터전이며, 오염된 바다를 정화하는 등 다양한 기능을 가지고 있답니다.

50. 늦은 봄 태백산맥을 넘어 서쪽으로 불어오는 고온 건조한 바람은?

❶ 태풍   ❷ 맞바람   ❸ 높새바람

힌트 너무 온도가 높고 건조해 농작물에 피해를 입히기도 한답니다.

❸ 높새바람

태백산맥은 기후에도 영향을 미쳐요. 동해에서 불어온 바람이 태백산맥을 만나면 넘어가기 힘들어요. 그래서 강원도 동쪽 지역에 비를 뿌리고, 몸을 가볍게 한 후 서쪽으로 불어 가죠. 그런데 습기를 다 뿌린 후라 넘어가면서 고온 건조해져요. 이 바람을 높새바람이라 하는데 농작물이 말라죽는 등 피해를 입는답니다.

51. 대관령 주변 지역에서 한여름에 무, 배추 등을 재배하는 농업을 일컫는 말은?

❶ 논농사   ❷ 목축업   ❸ 고랭지 농업

> 힌트 평지에서의 7~8월은 기온이 너무 높아 재배가 어려워요.

❸ 고랭지 농업

30℃가 넘는 한여름 더위는 사람만 힘들게 하는 건 아니에요. 식물도 힘들긴 마찬가지랍니다. 잎이 더위에 녹아버리거든요. 하지만 높은 곳에 위치한 지역은 사정이 달라요. 기온이 평지보다 훨씬 낮거든요. 이런 지역에서는 채소 재배 등이 가능한데, 이러한 농업을 고랭지 농업이라고 해요.

한국지리

52 | 남해안의 한산도에서부터 여수까지 펼쳐지는 국립공원은?

❶ 지리산 국립공원
❷ 다도해 국립공원
❸ 한려해상 국립공원

힌트 지역의 앞 글자를 잘 생각해 보세요.

❸ 한려해상 국립공원

남해안에는 수많은 섬을 배경으로 아름다운 경치가 펼쳐져요. 나라에서는 이곳을 해상공원으로는 최초로 국립공원으로 지정하여 한려해상 국립공원이라 했어요. 한산도와 여수의 앞 글자를 따서 해상 국립공원의 이름을 지은 것이랍니다.

53 | 동해안의 청초호, 영랑호, 경포호를 특별히 일컫는 말은?

❶ 석호   ❷ 호수   ❸ 저수지

힌트 청초호, 영랑호, 경포호의 물은 사실 바닷물이에요.

❶ 석호

바다가 육지를 향해 움푹 들어간 곳에 모래사장이 자라 그 입구를 막으면 바다와 분리되어 호수가 돼요. 이렇게 만들어진 호수를 석호라 하며, 이 호수의 물은 다른 호수와 달리 짠물이에요. 우리나라는 동해안에만 석호가 있답니다.

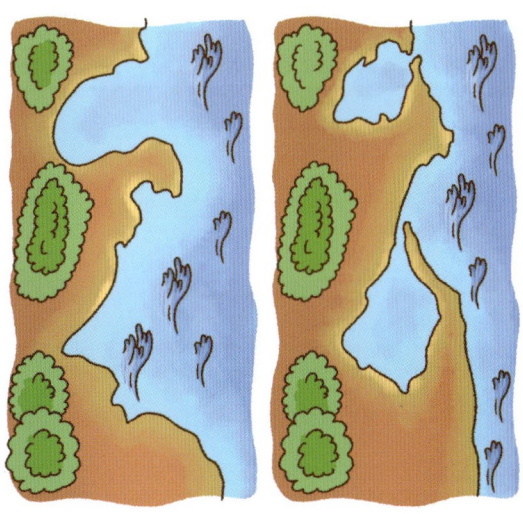

문화

문화

54 | 프랑스의 대표 요리 중 하나인 에스카르고의 재료는?

❶ 연어 ❷ 소라 ❸ 달팽이

힌트 에스카르고란 이름 자체가 이 재료의 이름이에요.

❸ 달팽이

우리가 좋아하는 골뱅이와 달팽이는 같은 류에 속해요. 프랑스에서도 식용 달팽이를 키워서 음식 재료로 이용하는데 이 식용 달팽이 이름이 에스카르고예요. 에스카르고는 고급스러운 프랑스 음식을 대표하는 것 중 하나랍니다.

문화

55 강원도 산간 지방에 가면 볼 수 있는 나무껍질로 지붕을 얹은 집의 이름은?

❶ 기와집   ❷ 너와집   ❸ 초가집

힌트 산간 지방은 나무가 흔한 재료여서 집을 지을 때도 많이 사용했어요.

❷ 너와집

기와집의 기와는 흙으로 가마에서 구워 만든 재료예요. 워낙 고급 재료라 양반집에서나 사용할 수 있었죠. 초가집은 추수를 하고 남은 볏단을 지붕에 씌운 것이고요. 나무껍질을 이용하여 지붕을 이은 집을 너와집이라고 한답니다.

문화

56 | 단팥빵, 크림빵, 식빵이라고 할 때의 '빵'은 어느 나라 말일까요?

❶ 영어 　❷ 이탈리아어 　❸ 포르투갈어

힌트 빵은 영어로는 'bread'예요.

❸ 포르투갈어

서양이 처음 대서양이나 태평양을 건널 당시에는 포르투갈과 스페인의 활약이 대단했어요. 지금도 브라질은 포르투갈어, 다른 남아메리카 지역은 스페인어를 쓸 정도니까요. 이 무렵 빵이라는 포르투갈어가 동양에도 전해져 아직까지 쓰이고 있는 거예요.

57 | 다음 중 독성 물질이 들어 있는 음식물은?

❶ 배추싹   ❷ 감자싹   ❸ 옥수수싹

힌트 구워 먹고, 튀겨 먹고, 찌개에도 넣어 먹는 재료는 무엇일까요?

❷ 감자싹

감자는 전 세계 사람들이 사랑하는 음식물이에요. 북유럽에서는 밀과 더불어 주식으로 먹고 있을 정도지요. 하지만 감자의 움푹 패인 곳은 감자의 씨눈인데, 이곳에서 나는 싹에는 독성 물질이 있어요. 다행히 충분히 익히면 독은 사라지니 안심하셔도 돼요.

문화

58 | 통조림의 발명과 관련 있는 사람은 누구일까요?

❶ 우장춘   ❷ 나폴레옹   ❸ 알렉산드로스 대왕

힌트 통조림은 근대 프랑스에서 만들어졌어요.

❷ 나폴레옹

유럽 전역으로 전쟁을 벌이던 나폴레옹에게 병사들이 먹을 식량을 상하지 않게 보관하는 것은 큰 골칫거리였어요. 나폴레옹은 현상금을 걸고 음식물 보관법을 연구하도록 했지요. 그 결과로 나온 것이 음식물을 병에 넣은 병조림이고, 이것이 발전하여 양철로 된 통조림이 나오게 되었어요.

59 | 우유를 데웠을 때 표면에 생기는 얇은 막의 성분은 무엇일까요?

❶ 칼슘　　❷ 지방　　❸ 단백질

힌트 열을 가하면 쉽게 굳는 성질이 있어요.

❸ 단백질

우유에는 단백질, 지방, 칼슘 등 어린이에게 좋은 많은 성분이 들어 있어요. 이 중 단백질은 열에 금방 굳어버려요. 이때 단백질이 얇은 막처럼 생기는 것을 볼 수 있어요. 단백질 덩어리인 계란을 끓는 물에 삶았을 때 단단해지는 것도 바로 단백질이 굳는 성질과 관련이 있어요.

문화

60 | 겨울이 길고 추운 북한 지방에서 아궁이의 열을 활용한 생활공간은?

❶ 정주간　　❷ 방앗간　　❸ 행랑간

힌트 방앗간은 곡식을 빻는 곳이에요..

❶ 정주간

북한 지역의 집은 열을 빼앗기지 않도록 지어졌어요. 그중에서도 독특한 공간이 바로 정주간이랍니다. 정주간은 부엌과 안방 사이에 벽이 없이 부뚜막과 방바닥이 한 평면으로 된 곳으로, 아궁이의 열을 충분히 활용할 수 있는 공간이에요.

61. 둥글고 판판한 돌 위에 작고 둥근 돌을 세워 말이나 소가 끌며 방아를 찧는 것은?

❶ 물레방아   ❷ 디딜방아   ❸ 연자방아

힌트 물레방아는 떨어지는 물의 힘으로 방아를 돌려요.

❸ 연자방아

곡식 따위를 찧거나 빻는 기구를 방아라고 해요. 디딜방아는 사람이 발로 디뎠다가 놓는 힘으로 방아를 찧는 도구예요. 연자방아는 가축의 힘을 이용한 도구이고요. 이처럼 기계가 발달하지 못했던 과거에는 사람이나 자연의 힘을 이용해 간단한 도구들을 활용했어요.

62 | 우리나라에서 시작된 고유한 난방 방식은 무엇일까요?

❶ 화로   ❷ 온돌   ❸ 난로

힌트 이제 외국에서도 우리의 난방 방법에 주목하기 시작했어요.

❷ 온돌

온돌은 방 아래쪽에 큰 돌을 깔고 그 돌을 데운 열로 난방을 하는 방식이에요. 벽난로나 난로에 비해 적은 연료로도 난방을 할 수 있고, 위생적이기도 하답니다. 온돌은 이제 난방의 한 방법으로, 세계적으로 유명한 옥스퍼드 사전에도 온돌이라는 이름으로 올라 있어요.

문화재

63 | 백제의 미소라고 불리는 유명한 불상은?

❶ 개태사 불상   ❷ 전등사 불상   ❸ 서산 마애삼존불상

힌트 절벽에 조각으로 새긴 불상이에요.

❸ 서산 마애삼존불상

마애(磨崖)는 벼랑이나 절벽[崖]을 갈거나 다듬는다[磨]는 뜻을 가지고 있어요. 결국 마애불상은 바위와 같은 곳에 조각으로 새긴 불상인 것이지요. 서산 마애삼존불상의 부처님의 미소는 꾸밈이 없고, 밝고 너그러워서 백제의 미소로 불린답니다.

64 | 1971년 온전한 모습으로 공주에서 발견된 백제 왕의 무덤은?

❶ 미추왕릉　　❷ 무령왕릉　　❸ 선덕여왕릉

힌트 미추왕은 신라의 왕이에요.

❷ 무령왕릉

충남 공주에 있는 무령왕릉은 이미 조사가 끝난 다른 무덤들이 폭우로 무너지지 않도록 공사를 하던 중에 우연히 발견했어요. 무령왕릉은 입구가 있는 돌로 된 방 형태여서 도굴되기 쉬운 구조였는데도 발견될 당시에 그 내용물이 하나도 훼손되지 않고 그대로 보존되어 수많은 유물이 출토되었어요.

65 | 돌을 벽돌 모양으로 다듬어 쌓은 아름다운 탑이 있는 경주의 절은?

❶ 해인사　　❷ 분황사　　❸ 조계사

힌트 신라 선덕여왕 때 만들어진 아름다운 절이에요.

❷ 분황사

분황사 석탑은 원래는 단단한 암석을 정교하게 다듬어 벽돌 모양을 만든 다음 그 돌들을 쌓아 올려 만든 탑이에요. 학자들은 9층 규모의 석탑이었을 거라 추측하지만 정확히 알 수는 없어요. 석탑의 네 방향에는 문을 만들어 놓았는데, 그 안에 불상을 모셨을 거라 짐작하고 있답니다.

66 | 신라가 삼국을 통일할 무렵 만들어진 신라 왕궁에 있는 연못은?

❶ 월지   ❷ 계림   ❸ 월정교

힌트 예전에는 안압지라고도 불렸어요.

❶ 월지

신라시대 궁궐의 하나인 동궁은 신하들의 연회나 귀빈 접대를 위한 잔치 등을 열던 곳이에요. 문무왕 때 궁 안에 큰 연못을 만들고 월지라 했어요. 연못의 가장자리는 구불구불하게 설계해 끝이 보이지 않도록 했지요. 그래서 실제 크기에 비해 훨씬 넓어 보인답니다.

67 | 외국 사신들이 왔을 때 잔치를 열거나 왕실 행사를 하던 경복궁 안의 누각은?

❶ 경회루   ❷ 광한루   ❸ 촉석루

힌트 국보 제224호에 해당하는 큰 규모의 누각이에요.

❶ 경회루

경회루(慶會樓)는 나라의 경사스러운[慶] 모임[會]을 여는 누각[樓]이란 뜻을 갖고 있어요. 연못 위에 우뚝 선 경회루는 누각으로서는 우리나라 최대의 규모이면서도 단아한 아름다움을 갖춘 건축물이랍니다. 경복궁 내에서도 관람객들에게 인기가 많아 이곳은 항상 붐벼요.

문화재

68 | 한양 도성을 둘러싸고 있는 성곽에서 동쪽으로 이동하기 위한 문은?

❶ 숭례문   ❷ 돈의문   ❸ 흥인지문

힌트 한양 도성 4대문 중 유일하게 네 글자를 사용해요.

❸ 흥인지문

흥인지문을 흔히 동대문이라고 부르기도 하고, 줄여서 흥인문이라고도 해요. 흥인지문은 유교에서 중시하는 인(仁)을 번창하게 한다는 깊은 뜻을 담고 있어요. 조선 건국에 큰 힘을 보탰던 정도전이 문 이름을 지었다고 해요.

69 | 종로 탑골공원의 이름이 만들어지게 된 계기가 된 석탑은?

❶ 정림사지 5층 석탑
❷ 월정사 8각 9층 석탑
❸ 원각사지 10층 석탑

힌트 탑골공원 자리에는 원래 원각사라는 절이 있었어요.

❸ 원각사지 10층 석탑

원각사는 조선 세조 때 세워진 절이에요. 원각사지 10층 석탑도 이때 만들어졌어요. 국보 2호이며 탑골공원 안에 있지요. 경복궁에 있는 경천사 10층 석탑의 영향을 받은 것으로 대리석을 재료로 하였어요. 조선 시대 전기의 대표적인 석탑이에요.

70 | 영조가 신하들 간에 다투지 말라고 성균관에 세운 비석은?

❶ 탕평비 ❷ 삼전도비 ❸ 광개토대왕릉비

힌트 탕평(蕩平)이란 어느 쪽에도 치우침이 없이 공평한 것을 뜻해요.

❶ 탕평비

영조가 왕이 되었을 무렵 신하들은 노론, 소론으로 갈려 싸우기 바빴어요. 영조는 이런 어려움을 극복하고 나라를 제대로 다스리고자 신하들을 고루 선발하려고 애썼어요. 이런 정신을 담아 성균관에 탕평비를 세우고 과거를 준비하는 성균관 유생들에게도 알리고자 했어요.

문화재

71 | 부처님 사리가 모셔져 있어서 불보 사찰이라 불리는 절은?

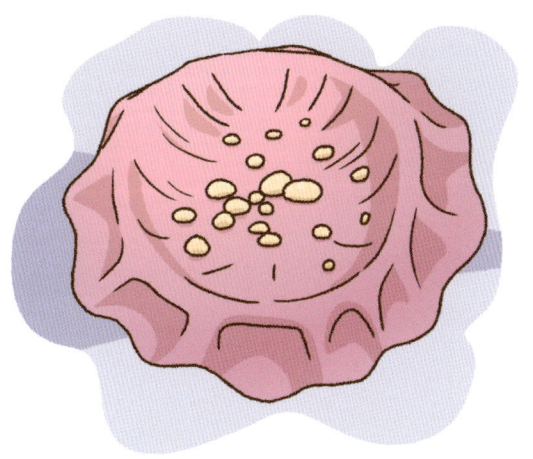

❶ 통도사　❷ 용문사　❸ 송광사

힌트 경상도 지방에 있는 절이에요.

❶ 통도사

자장율사가 중국 당나라에서 가지고 온 부처님을 화장할 때 나온 사리, 부처님의 옷인 가사, 대장경 등을 바치며 만든 절이 통도사예요. 그래서 절을 만들 당시부터 매우 중요하게 여겨졌지요. 지금도 절 안에는 각종 문화재들이 들어서 있을 정도로 오랜 역사를 자랑한답니다.

상식

72 올림픽 개막식 때 맨 처음 입장하는 나라는 어디일까요?

❶ 가나 ❷ 그리스 ❸ 아르헨티나

힌트 올림픽이 시작된 나라를 생각해 보세요.

❷ 그리스

보통 올림픽에서 입장하는 순서는 국가별 영어 알파벳 순서를 따라요. 그리고 올림픽을 여는 나라는 가장 마지막에 등장하지요. 하지만 그리스는 근대 올림픽을 처음 개최한 나라이기 때문에 항상 제일 처음에 입장해요.

73 | '홀인원'이란 용어가 사용되는 스포츠는?

❶ 골프　　❷ 축구　　❸ 테니스

힌트 긴 도구를 이용해 하는 스포츠예요.

❶ 골프

골프는 일정한 장소에서 골프채로 공을 쳐서 가장 적은 타수로 구멍에 넣는 사람이 이기는 경기예요. 9홀 또는 18홀을 돌지요. 홀인원은 선수가 공을 한 번 쳐서 단번에 홀(구멍)에 넣는 것을 말해요. 홀인원은 매우 드물어 선수가 아닌 일반인은 평생 한 번 나오기도 힘들어요.

74 | 축구에서 한 선수가 한 경기에서 3득점 이상을 올린 것을 일컫는 말은?

❶ 골게터   ❷ 해트트릭   ❸ 페널티킥

힌트 크리켓 경기에서 처음 사용되었다고 해요.

❷ 해트트릭

크리켓은 야구와 비슷한 게임으로 투수가 세 타자를 연속 아웃시키는 일이 드물어 이 일을 달성한 선수에게는 근사한 모자(Hat)를 선물했는데 여기서 나온 말이 해트트릭이에요. 이후 이 말은 축구 등에서 사용했어요. 진정한 의미의 해트트릭은 반드시 연속으로 3골을 넣어야 하지만, 요즘은 엄격하게 따지지는 않아요.

상식

75 | 다음 스포츠 중 경기에서 사용하는 공의 크기가 가장 큰 것은?

❶ 농구   ❷ 배구   ❸ 축구

힌트 머리 위에 있는 골대에 공을 넣는 스포츠예요.

❶ 농구

배구공은 둘레가 66cm 정도이고, 축구공은 둘레가 68~71cm 정도 돼요. 반면 농구공은 그 둘레가 75~78cm에 이르지요. 따라서 세 스포츠에서 사용되는 공 중에서 가장 크기가 큰 것은 농구공이에요.

76 | 노년층을 주요 소비자로 삼아 상품과 서비스를 제공하는 산업은?

❶ 골드산업　　❷ 실버산업　　❸ 연금제도

힌트 할머니, 할아버지의 머리 색깔을 생각해 보세요.

❷ 실버산업

실버산업은 은백색 머리의 노인을 실버(은)로 은유적으로 부르기 시작한 데서 유래했어요. 대표적인 실버산업으로는 노인들을 위한 병원, 요양원, 관광 사업, 취미 및 서비스 사업 등이 있어요. 선진국이 되어 갈수록 노년층 비중이 높아지면서 실버산업의 비중도 커질 수밖에 없답니다.

77 | 특허권, 저작권, 상표권 같은 지적재산권을 사용할 때 내는 것은?

❶ 로열티   ❷ 증여세   ❸ 상속세

힌트 원래 단어는 왕위, 왕의 권리를 의미해요.

❶ 로열티

보통 기업이나 개인이 가지고 있는 어떤 기술이나 상표, 디자인 등을 사용하면 그 대가를 지불해야 해요. 이러한 대가를 통틀어 로열티라고 하지요. 외국의 영화를 들여올 때나 반대로 우리 문화 상품을 수출할 때도 로열티가 발생해요.

78 | 두 나라 이상에 공장, 판매 사무소 등을 가지고 있는 기업은?

❶ 사기업   ❷ 공기업   ❸ 다국적 기업

힌트 여러 나라에 공장을 두고 있다면 어떤 이름이 적합할까요?

❸ 다국적 기업

예를 들어 코카콜라는 우리나라에서도 생산되고, 미국에서도 생산되며, 추운 러시아에서도 같은 상표, 같은 품질로 생산돼요. 이렇게 세계 각지에 자회사, 지사, 공장을 두고 생산 및 판매 활동을 하는 기업을 다국적 기업이라고 해요.

79 | 아랍 지역 국가들을 비롯한 석유 수출국들이 결성한 단체는?

❶ EU   ❷ OPEC   ❸ UNICEF

힌트 보통 석유수출국기구라고 불러요.

❷ OPEC

1960년 쿠웨이트, 사우디아라비아, 이란, 이라크 등은 석유 가격을 석유 생산국에게 유리하게 만들기 위해 단체를 만들었어요. 이 단체가 바로 OPEC이에요. 단체가 만들어진 이후 석유 가격이 급격히 올라 우리나라는 큰 어려움을 겪기도 했어요.

상식

80 | 요즘 사람들이 중시하는 '잘 먹고 잘 사는 것'을 뜻하는 말은?

❶ 웰빙   ❷ 힐링   ❸ 워라밸

힌트 영어 단어 중 'well'은 우리말로 '잘'이라는 뜻이 있어요.

❶ 웰빙

웰빙은 물질적 부가 아니라 삶의 질을 강조하는 생활 방식을 가리켜요. 순우리말로는 '참살이'라고 하지요. 보통 웰빙(well-being)은 국민소득이 1만 달러 이상 되었을 때 나타나는 현상이에요. 인스턴트식품이나 패스트푸드보다는 유기농 식품을 찾는 등 삶의 질을 더 중요하게 여기는 현상이지요.

생각하는 두뇌 통통 튀는 아이로 키우자!

예비 초등 ~ 2학년 권장

6세 ~ 7세 권장

브레인알파
영국식 두뇌발달 퍼즐

초등 2 ~ 4학년 권장

이젠교육 EZEN EDUCATION

낱권 12,000원 | 세트 96,000원

이젠 꼭 필요한 **초등수학** 시리즈와 함께
재밌는 수학의 세계로 떠나요

정가 16,000원 (2권 세트)

초등 1학년
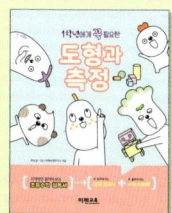
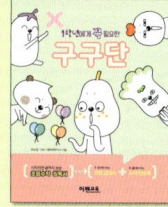

초등 2학년

초등 3학년
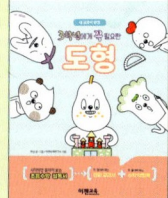

초등 4학년

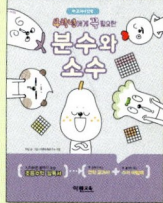

이젠교육 EZEN EDUCATION